BEI GRIN MACHT SICH IHR WISSEN BEZAHLT

- Wir veröffentlichen Ihre Hausarbeit,
  Bachelor- und Masterarbeit

- Ihr eigenes eBook und Buch -
  weltweit in allen wichtigen Shops

- Verdienen Sie an jedem Verkauf

**Jetzt bei www.GRIN.com hochladen
und kostenlos publizieren**

Bibliografische Information der Deutschen Nationalbibliothek:

Die Deutsche Bibliothek verzeichnet diese Publikation in der Deutschen National-
bibliografie; detaillierte bibliografische Daten sind im Internet über http://dnb.d-
nb.de/ abrufbar.

Impressum:

Copyright © 2016 GRIN Verlag, Open Publishing GmbH
Druck und Bindung: Books on Demand GmbH, Norderstedt Germany
ISBN: 978-3-668-13265-8

Dieses Buch bei GRIN:

http://www.grin.com/de/e-book/313954/der-analogie-und-modellbegriff-konzepte-
und-interpretation

Richard Kunstwadl

Der Analogie- und Modellbegriff. Konzepte und Interpretation

GRIN Verlag

GRIN - Your knowledge has value

Der GRIN Verlag publiziert seit 1998 wissenschaftliche Arbeiten von Studenten, Hochschullehrern und anderen Akademikern als eBook und gedrucktes Buch. Die Verlagswebsite www.grin.com ist die ideale Plattform zur Veröffentlichung von Hausarbeiten, Abschlussarbeiten, wissenschaftlichen Aufsätzen, Dissertationen und Fachbüchern.

Besuchen Sie uns im Internet:

http://www.grin.com/

http://www.facebook.com/grincom

http://www.twitter.com/grin_com

Modell und Analogie – Theorie und Anwendung an ausgesuchten Beispielen

Seminararbeit

von

Richard Kunstwadl

Fachhochschule Aachen, Campus Jülich

Fachbereich 9 - Scientific Programming

Aachen, 15. Dezember 2015

Inhaltsverzeichnis

1   Einleitung

1.1   Motivation

In der Arbeit ist dem Autor aufgefallen, dass viele Problemlösungen dadurch erreicht werden, dass man aufgrund von gelösten Beispielen die Lösung der neuen Aufgabe vorantreibt. Mit anderen Worten ist die neue Lösung analog zu einer vorliegenden Lösung zu entwickeln. Dies erleichtert und beschleunigt die Lösung von Problemen. Auch in dem Studium Scientific Programming erarbeitet man oftmals Lösungen, die auf schon gefundenen Lösungen aufsetzen. Hier stellt man sich die Frage, ob das förderlich für die Aneignung des Stoffes ist. Solche analogen Lösungsstrategien verdeutlichen den abstrakten Gehalt der Theorie, und man wird sie von dieser Perspektive aus rechtfertigen. Die Frage ist dann aber, wie die Beispiele – hier das gelöste Beispiel aus der Vorlesung und Übung bspw. welches analog zu einer neuen Aufgabe ist – den abstrakten Gehalt veranschaulichen. Auf diesem Hintergrund hat der Autor sich allgemein das Problem vorgelegt, wie Analogien in Problemlösungen funktionieren, und wie dies mit dem Begriff des Modells zusammenhängt. Beispiele können schon als Modell beschrieben werden, so dass die Analogiebeziehung zwischen zwei Beispielen als Modellbeziehung begriffen werden kann. Dann stellt man sich die allgemeine Frage, wie die Analogie dieser Beispiele/Modelle gewonnen werden kann, und was das damit zu tun hat, dass die der Analogie zugrundeliegende Abstraktion eine allgemeine Theorie veranschaulicht. Damit leistet die Arbeit einen Beitrag dazu, die oftmals nur unbewusst eingesetzten Analogien in dem Studium bewusst durchdringen zu können.

1.2   Vorgehen in der Arbeit

Die vorliegende Arbeit untersucht die Tragweite des Analogiebegriffes für die Praxis des Studiums Scientific Programming – eine Kombination von Informatik- und Mathematikgrundstudium. Der Analogiebegriff wird eng in Zusammenhang mit dem Modellbegriff entwickelt. Der Ablauf besteht darin, zunächst an einem Beispiel die Begriffe Modell und Analogie zu entwickeln, dann Modell und Analogie angesichts von Beispielen aus dem Studiengang Scientific

Programming zu entwickeln und dabei eine eigenständige Sicht der Bildung von Analogien vorzustellen, um schließlich die Ergebnisse zusammenzufassen.

1.3 Einführung in das Thema

In dieser Arbeit nutze ich Einsichten des Konstruktivismus, d.h. mit den technisch gewendeten Grundaussagen wertvolle Beobachtungen zu machen, und zu zeigen, inwiefern ein Unterschied einen Unterschied macht. Diese Nutzung der Technik des Konstruktivismus tritt an die Stelle einer ausführlichen Darlegung und Evaluation des Konstruktivismus, die hier nicht weiterführen würde.

▸ **Beobachtung 1:** Beobachtungen machen wertvolle Aussagen

▸ **Beobachtung 2:** Unterschiede, die Unterschiede machen stellen (wertvolle) Informationen dar.

Wenn ich also eine wertvolle Beobachtung mache, so trägt diese zu einem informellen Modell der Betrachtung der Analogiebeziehung bei. Beispiele zeigen dann den Anwendungsaspekt. Dabei werden Beispiele aussagekräftig gewählt, so dass dem Unterschied, der getroffen wird, Gerechtigkeit widerfährt.

▸ **Beobachtung 3:** Ein Beispiel kann die Aussagekraft einer Aussage hinreichend illustrieren.

Die Beobachtungen haben hinsichtlich der Darstellung des Gegenstandes die Funktion eine widerspruchsfreie Beschreibung zu entwickeln. In vielen Abschnitten verwendet der Autor die Aussagen zu einem Fragebogen, um auf die widersprüchlichen Aspekte der Sachverhalte hinzuweisen. Fragebögen können zum positiven und negativen beantwortet werden, und dieser Widerspruch haftet der Theorie an. Dann fungieren Beobachtungen als relative Stellungnahmen, die durch die Widersprüche beleuchtet werden: Gesagt wird dann, dass eine Beobachtung insofern valide ist, als ... . So wird das Verhältnis zwischen widerspruchsfreier Darstellung und dem Spielraum der Interpretation der Fragebogenfragen thematisch. Sie stellen sozusagen die Aussicht dar, die auf dem Hintergrund eines gewonnenen theoretischen Rahmens formuliert werden können.

2 Begriffliche Besinnung auf Modell und Analogie

Die folgenden Darlegungen des dritten Teils beziehen sich auf Wissen, welches in Enzyklopädien vorfindbar ist (vgl. [4],[24],[34],[39]), und es wird dieses Wissen gebraucht, ohne für jede Einzelheit einen Nachweis zu führen.

2.1 Ein Ausgangsbeispiel

Die Begriffe Modell und Analogie sollen auf dem Hintergrund eines Beispiels betrachtet werden. Der Autor hält folgendes Beispiel – es geht um die Analogie Büroarbeitsplatzpapierkorb und PC-Desktoppapierkorb – dafür für intuitiv tauglich:

„Ein Mitarbeiter, der ein Stück Papier nicht mehr benötigt, ergreift es mit der Hand und wirft es in den Papierkorb. Auf der elektronischen Arbeitsoberfläche kann der Benutzer analog das Stück Papier, repräsentiert durch ein Piktogramm mit der Maus selektieren, mit gedrückter Maustaste das Papierpiktogramm über die Arbeitsoberfläche auf das Papierkorbpiktogramm bewegen (drag) und dann die Maustaste loslassen(drop). Das Papierpiktogramm verschwindet. Das Papierkorbpiktogramm ändert seine Form, um anzuzeigen, dass der Papierkorb etwas enthält. Benötigt der Mitarbeiter das Stück Papier aus dem Papierkorb doch noch einmal, dann kann er es aus dem Papierkorb zurückholen. Dies muss auch bei dem elektronischen Papierkorb möglich sein, sonst stimmt die Analogie nicht. Ist dies nicht möglich, dann muss ein Reißwolf anstelle des Papierkorbs durch ein Piktogramm dargestellt werden."[1]

2.2 Der Analogiebegriff

Der Begriff der Analogie dient der Bezeichnung eines Verfahrens bzw. Ergebnisses der relationalen Verknüpfung von Sachverhalten im

---

[1] [3] s.12

Erkenntnisprozess und Wissen. Er entspricht einer durchgängigen Struktur der Sprache[2].

▸ **Beobachtung 4:** Relation der Ähnlichkeit zwischen Eigenschaften oder Zuständen von Gegenständen oder Systemen werden hervorgehoben. In unserem Papierkorbbeispiel sind sowohl die Gegenstände ähnlich (Papierkorbpiktogramm und Papierkorb ähneln sich) als auch Relationen (Relation: in den Papierkorb werfen ähnelt dem elektronischen Pendant)

In unserer Perspektive legen wir immer eine Sprache zugrunde, d.h. es gibt eine Sprache von Eigenschaften oder Zuständen von Gegenständen oder Systemen.

▸ **Beobachtung 5:** Es wird dem Ausgangsbereich der Analogie – Source genannt – eine Sprache zugrundegelegt, die ein Modell ausdrückt, und gleichfalls dem Zielbereich – Target genannt. Im Papierkorbbeispiel sieht man die Modellbildung bspw. daran, dass für die Analogie auf Source und Target zurückgegriffen wird, und dabei von der Realität abstrahiert wird: So wird im Sourcebreich nicht thematisiert welche Farbe der Papierkorb hat, oder etwa, dass man den Papierkorb umdrehen kann, und eine Vase darauf stellen kann. Solche Abstraktionen sind sinnvoll, wenn man die Analogie mit dem Targetbereich realisieren will.

Die Sprache von Source und die von Target können in Modellen gedacht werden. Strukturelle oder funktionelle Abstraktion betrifft bspw. das Verhältnis zwischen einem Gegenstand oder System, gedacht in einer Modellsprache (oft einer Ontologie) und einem repräsentierenden Modell. Im Griechischen bedeutet der Analogiebegriff oftmals die Übereinstimmung von verschiedenen Größen oder Funktionsverhältnissen (proportio).

▸ **Beobachtung 6:** Eine Analogie kann sowohl eine proportionale Korrespondenz zum Ausdruck bringen, als auch strukturelle und funktionelle Korrespondenzen. In unserem Beispiel hat man bspw. eine proportionale Ähnlichkeit, weil man die Proportionalgleichung – also eine Gleichung der Form a:b verhält sich wie c:d – aufstellen kann: Papier zu Papierkorb verhält sich wie elektronisches Dokument zu

---

[2] [25]

elektronischem Papierkorb. Es wird aber auch eine funktionelle Korrespondenz beschrieben: der Papierkorb dient der Aufnahme von Papier, und diese Funktion entspricht derjenigen des elektronischen Papierkorbes ein elektronisches Dokument aufzunehmen.

Unter struktureller Analogie versteht man völlige oder teilweise Übereinstimmung der Strukturen zweier Systeme, wobei von den konkreten stofflichen Realisierungen der jeweiligen Systeme abstrahiert wird (Bohr'sche Atommodell und Sonnensystem). Eine funktionelle Analogie liegt vor, wenn zwei Systeme, die sich sowohl nach der Art ihrer Elemente als auch in ihrem strukturellen Aufbau voneinander unterscheiden, im Hinblick auf die Funktionen, die sie erfüllen übereinstimmen. (Schiffssteuermann und Staatssteuermann)

Die Analogie erfreut sich breiter Zustimmung aber auch Ablehnung. So sieht der Universalgelehrte Aristoteles darin die Möglichkeit etwas Unbekanntes aufzuschlüsseln, der Philosoph Hume sieht die heuristische Funktion der Analogie und die philosophische Richtung der Stoa betont den Zusammenhang der Analogie mit der Induktion. Denkökonomische und pragmatische Effizienz werden hervorgehoben.

Der Philosoph Hegel hingegen lehnt sie ab, weil sie beliebig und in ihren Ergebnissen nicht verlässlich ist. Das Gleiche findet sich bspw. auch bei Friedrich Engels.

Eine modernere Version dieser Ablehnung der Analogie ist die Argumentation von Joseph Agassi. Demnach ist die Analogie hoffnungslos vage und kann im Einzelfall durch ein logisches, deduktives Modell ersetzt werden[3] .

▶ **Beobachtung 7:** In Hinsicht auf das Verhältnis zur Deduktion – d.h. der formallogischen Herleitung eines Satzes/Modells aus Prämissen oder einem anderen Modell – muss gefragt werden, ob das Analogiemodell nur eine heuristische, explorative Funktion hat,

---

[3] "According to Agassi, if the features or properties that the analogue and the target share can be specified, then the claim that the two are analogous becomes superfluous. If one identifies in what respects the analogue and the target resemble each other, then the claim that they are similar can be eliminated and replaced with an assertion of common class membership, or with the claim that they both fall within the extension of some predicate. Once this is accomplished, the road is clear to replace the analogical argument itself with either a straightforward inductive generalization, or a statistical syllogism, or some combination of the two." Nach: [13] s.5, dort auch eine ausführliche Verteidigung der Selbständigkeit der analogen Betrachtungsweise

---

Modell und Analogie – Theorie und Anwendung an ausgesuchten Beispielen

und mit der Darstellung in einem deduktiven Modell hinfällig wird, oder einen eigenständigen Wert hat. In dem Papierkorbbeispiel ist nicht gut zu sehen, wie ein deduktives Modell den Gewinn der Analogie im Targetbereich auflösen kann: Es wird durch die Analogie etwas wirklich Neues gewonnen. Damit hat sie einen Informationsgehalt. Wir kommen auf dieses Problem noch zu sprechen, wenn wir die Abstraktion betrachten, die einer Analogiebildung zugrundeliegt.

Für die Analogiebildung legt der Autor zunächst einmal folgendes Modell zugrunde[4]:

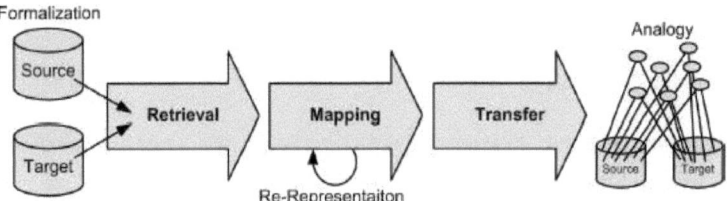

Abbildung 1 Diagramm zur Analogiebildung

Für den Ausgangsbereich (Source) und für den Zielbereich (Target) geben wir ein Modell an. Dabei ist zunächst nicht klar, welche Merkmale relevant sein können, um die Analogie herzustellen. Das Retrieval bestimmt die möglichen Modellmerkmale, die in der Analogie eine Rolle spielen können. Im Mapping wird versucht zwischen dem Modell der Source und des Targets eine Abbildung zu definieren, so dass aus einer Struktur des Source eine Struktur des Targets folgt. Dies setzt voraus, dass die ursprünglichen Modelle von Source und Target reformuliert werden. Im Papierkorbbeispiel werden bspw. Merkmale der Source, wie die Farbe und Form des Papierkorbes aus der Modellierung ausgeschlossen. Das sind präterierte Merkmale – also Merkmale der Objektwelt, die im Modell nicht dargestellt werden – der Objektwelt. Die Abbildung bestimmt sich schließlich aufgrund der allgemeinen Abstraktion, dass sowohl im physischen wie im elektronischen Papierkorb ein Objekt in einen

---

Behälter zur Entsorgung verfrachtet wird[5]. Der Transfer ist schließlich, dass auch im Targetbereich eine solche Entsorgung stattfindet, wobei das Merkmal, „wieder aus dem Papierkorb herausholen" sowohl für Target als auch für die Source bewahrheitet wird.

Aufgrund der Abbildung zwischen Source und Target wird erwartet, dass der Beziehung Papier in physischen Papierkorb entspricht elektronisches Dokument in elektronischen Papierkorb. Die Beziehung, die beiden Tätigkeiten zugrundeliegt, abstrahiert von der physischen Beziehung und der elektronischen Beziehung und legt ein allgemeines Schema zugrunde, welches umschrieben werden kann durch: „ein Objekt in einen Behälter verfrachten".

▸ **Beobachtung 8:** Die Analogie führt auf eine Abstraktion.

In dieser Arbeit wird mit Beispielen gearbeitet. Wenn wir eine hier eine Protoform einer modelltheoretischen Darstellung des Analogiebegriffes, wie sie explizit in der strukturalistischen Rekonstruktion angestrebt wird, geben, so soll die Modellbildung pragmatisch sein. Beispiele[6] können ein Vehikel dazu sein. Das führt für den Fragebogen auf folgende Fragestellung mit möglichen Antworten:

In der ersten Frage geht es darum den Begriff "pragmatisch" besser verstehen zu lernen. Oft wird ein Beispiel pragmatisch genannt, weil es anwendungsbezogen etwas veranschaulicht. Ist diese Verwendung von „pragmatisch" gerechtfertigt?

a.) Der Begriff Pragmatik ist ein Begriff der Sprachwissenschaft; ein Beispiel hat sowohl syntaktische, semantische Merkmale, als auch

---

[5] Für unsere Arbeit nutzen wir die ‚structure-mapping theory' von D.Gentner; ihre Kernaussage – letztlich auch zur Abstraktion – ist: „The central idea is, that an analogy is an assertion that a relational structure that normally applies to one domain can be applied in another domain." (D.Gentner, Structure-Mapping: A Theoretical Framework for Analogy, in: Cognitive Science 7, (1983), s.156) – die Alternative wäre: "Holyoak and Thagard (1989, 1995) developed an approach to analogy in which several factors were viewed as jointly constraining analogical reasoning. According to their multiconstraint theory, people implicitly favor mappings that maximize structural parallelism (in agreement with Gentner's, 1983, structure-mapping theory), but that also maximize direct similarity of corresponding elements and relations, and that give priority to pragmatically important elements (i.e., those functionally related to achieving a goal). The theory further specified how the joint influence of these constraints, which often converge but sometimes conflict, might be adjudicated by a process of constraint satisfaction." ([27], s.6) – Letztendlich kann man die Abstraktion als ein Regelverhalten in einem Modell betrachten, und damit wird beiden Theorien Rechnung getragen. (vgl. u.a. Kapitel, 4.2.1)
[6] [8], s. 9 f.

pragmatische

b.)   Der Begriff pragmatisch für Beispiele zeigt deutlich den Unterschied zwischen der Syntax und Semantik der Theorie und dem Regelfolgen in einem Beispiel

c.)   Pragmatisch ist angebracht, da Beispiele Anwendungen zeigen

2.3   Der Modellbegriff

▶ **Beobachtung 9:** Ein Modell ist die idealisierende Nachbildung eines konkreten Objektes oder System.

So ist in dem Papierkorbbeispiel der Papierkorb ein konkretes Objekt und sein Verhältnis zu weggeworfenem Papier, Widerverwendung etc. stellen systemische Beziehungen auf der Sourceseite dar. Analog wird auf der Targetseite modelliert.

Analogmodelle imitieren die Struktur des Untersuchungsgegenstandes bspw. hydraulische Modelle in der Ökonomie, Planetenmodell des Atoms – sie schlagen eine Strukturähnlichkeit zwischen bekanntem und untersuchendem Gegenstand (neue Hypothesen sollen generiert werden). Theoretische Modelle sind Bündel von Annahmen und Gleichungen (Billardkugelmodell kinetischer Gase, Bohr'sche Atommodell) und gehen häufig aus Analogiebetrachtungen zu einem bestehenden Modell hervor.

▶ **Beobachtung 10:** Modellbildung und Analogiebildung gehören eng zusammen[7]. Insbesondere kann das Verhältnis von Realität und Modell als ein Analogiebeispiel beschrieben werden.

Im Papierkorbbeispiel besagt diese Beobachtung, dass bspw. im Sourcebereich von der Realität der Farbe des Papierkorbes in der Modellbildung des

---

[7] Einige Autoren sehen in allen Modellen Analogien (zwischen Modell und Realität); andere sehen analoge Modelle als eine Teilklasse der Modelle. vgl. [10], daraus:
•   "Any kind of working model of a process is, in a sense, an analogy" (Craik 1943)
•   ". . . analogy is like a modeling relation except that it relates two natural systems, rather than a natural system and a formal one" (Rosen 1991)
Eine differenzierte Sicht gibt: [35], s. 335 ff., wobei die Quintessenz ist, dass die Analogie die wesentlichen Merkmale einer Modellbildung erfüllt, oder so interpretiert werden kann.

Sourcebereiches verzichtet wird. Realität und Modell hängen nur analog zusammen.

In der mathematischen Modelltheorie versteht man unter dem Modell einer Theorie eine Struktur, die die Axiome der betreffenden Theorie erfüllt. Nach Duhem ist es das Ziel der Modellbildung Eigenschaften und Verhalten materieller Objekte und Systeme zu erfassen, indem ein Mechanismus vorgeschlagen wird, der sie imitiert. Das Modell repräsentiert dabei den betrachteten Untersuchungsgegenstand. Auf Analogien beruhende Modelle haben eine Leitfunktion in der Wissenschaft.

▸ **Beobachtung 11:** Modelle können selbst als Metaphern verstanden werden, um ihr kreatives Potential zu verdeutlichen. Modelle sind die konkrete Realisation einer allgemeinen Theorie.

Dies verdeutlicht die Verwendung von pragmatisch und das Heranziehen von Beispielen im Papierkorbbeispiel.

Explizit hat Keynes die möglichen Formen der Analogiebildung bei Modellen hervorgehoben:

a) Positive Analogien sind offensichtliche Gemeinsamkeiten zwischen beiden Objekten (Gasmoleküle und Billardkugel sind beide massiv)

b) Negative Analogien offensichtliche Unterschiede (Gasmoleküle haben keine Farbe)

c) Neutrale Analogien: noch nicht geklärt, ob Analogie trägt oder nicht. So ergibt sich aus dem Billardkugelmodell die Frage, ob die Newtonschen Stoßgesetze auch für Gasteilchen gelten. Dies ist eine Basis für neue Vorhersagen oder experimentelle Tests.

▸ **Beobachtung 12:** Modelle können hinsichtlich ihrer Aussagekraft auf positiven, negativen und neutralen Analogien beruhen.

Im Papierkorbbeispiel wäre eine positive Analogie die Gemeinsamkeit ein Behälter zu sein für Source und Target; negative Analogien beziehen sich auf die Tatsache, dass die Farbe und Form des Papierkorbes unterschiedlich realisiert sein können, und neutrale Analogien beziehen sich auf den Test der Hypothese, ob man das Papier wieder aus dem Papierkorb herausholen kann.

3 Beispiele und ihre Interpretation

3.1 Rechnernetze

3.1.1 Das OSI-Schichtenmodell

Der Zweck des OSI Schichtenmodelles ist es die Kommunikation über verschiedene Schichten hinweg zwischen Hosts zu ermöglichen. Dabei muss auf verschiedene technische Anforderungen, von der Signalübertragung bis zur Bereitstellung von Anwendungen geachtet werden. Es hat sieben Schichten. Diese sieben Schichten werden durch folgende Analogie veranschaulicht(vgl. [47], s.24):

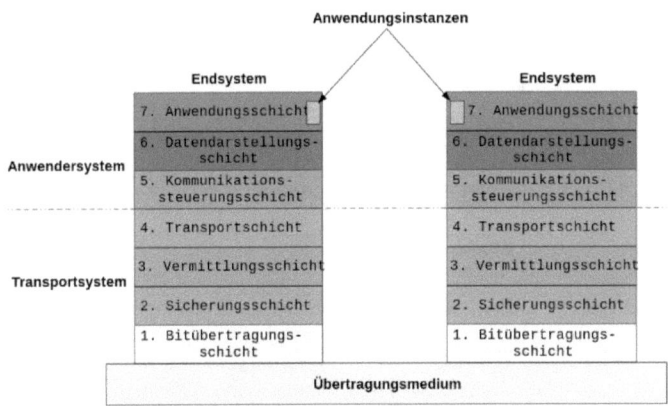

Abbildung 2 Das OSI-Schichtenmodell

„Ein Manager möchte einem Geschäftspartner, der eine andere Sprache spricht, eine Nachricht zusenden. Der Manager ist mit dem Anwendungsprozess, der die Kommunikation anstößt, gleichzusetzen. Er spricht die Nachricht auf ein Diktiergerät. Seine Sekretärin bringt die Nachricht auf Papier und übersetzt diese in die Fremdsprache. Die Sekretärin wirkt somit als Darstellungsschicht. Danach gibt sie die Nachricht an den Lehrling, der den Versand der Nachricht verwaltungstechnisch abwickelt und damit die Sitzungsschicht repräsentiert. Der Hauspostmitarbeiter(gleich Transportschicht) bringt den Brief auf den Weg. Dazu klärt er mit der Netzwerkschicht (gleich Briefpost), welche Übertragungswege bestehen, und wählt den geeigneten aus. Der Postmitarbeiter bringt die nötigen Vermerke auf dem Briefumschlag an, und gibt ihn weiter an die Verteilstelle, die der Sicherungsschicht entspricht. Von dort gelangt der Brief zusammen mit anderen in ein Transportmittel(...) und nach eventuell mehreren Zwischenschritten zur Verteilstelle, die für den Empfänger zuständig ist. Auf der Seite des Empfängers wird dieser Vorgang nun in umgekehrter Reihenfolge durchlaufen, bis der Geschäftspartner den Brief schließlich in seiner Postmappe vorfindet. Diese grobe Analogie zeigt allerdings nicht auf, welche Möglichkeiten der Fehlerprüfung und –behebung das OSI-Modell vorsieht, da diese beim Briefversand nicht bestehen."

OSI-Modell (Target)	Nachrichtenversendung (Source)
Anwendungsschicht	Nachricht auf Diktiergerät
Darstellungsschicht	Sekretärin bringt Nachricht auf Papier
Sitzungsschicht	Versand der Nachricht verwaltungstechnisch abwickeln
Transportschicht	Hauspostmitarbeiter
Vermittlungsschicht	Übertragungswege eruieren
Sicherungsschicht	Brief an Verteilstelle
Bitübertragungsschicht	Brief über Transportmittel an Empfänger

Bei der Abbildung der Modelle von Source und Target der Analogie werden sowohl bloße Merkmale – die Sekretärin, die die Darstellungsschicht darstellt – abgebildet, wie auch Relationen – das Zustellen des Briefes zwischen zwei Schichten. Es werden nicht alle Relationen und Merkmale im Source (der Briefverkehr) erfasst, die für das Target relevant wären. Es werden also in der

Analogiebildung Merkmale des Targetmodelles übergangen. Immer ist es so, dass die Möglichkeit eine Homomorphie zwischen Target und Source herzustellen im Vorgang des ‚structural mapping' dazu führt, dass das Modell Merkmale der Wirklichkeit übergeht. Diese Betrachtung führt auf folgende Bewertungen:

Für das Verhältnis von Modell und Analogie wird folgende Aussage untersucht: Modelle integrieren Analogien. Beurteilen Sie folgende Aussagen:

a.) Analogien können als Homomorphismus von zwei Modellen beschrieben werden, zwischen denen die Analogie besteht

b.) Schon in der Definition eines Modelles via Abstraktion kommt eine Analogiebetrachtung zum Tragen.

c.) Merkmale, die im Modell vorkommen, aber nicht in der Realität sind sogenannte abundante Merkmale und können für Analogien genutzt werden.

d.) Merkmale, die in der Realität vorkommen, aber nicht im Modell, sogenannte präterierte Merkmale, können für Analogien genutzt werden.

In der Validierung dieser Fragen macht es sich zunutze, dass bei der Abbildung funktioneller oder struktureller Gleichheit zwischen Target und Source eine Form der Abstraktion stattfindet, die sehr nahe dem ist, was die Phänomenologie unter Ideation[8] versteht. Dabei findet in der Re-Repräsentation von Source und Target bei der Suche nach dieser Abbildung ein Rückkopplungsprozess[9] statt: Es wird in Source eine Verallgemeinerung gesucht, die in Target probeweise durch eine Homomorphiebetrachtung ausprobiert wird, es wird dann geschaut, ob das in Target einer relevanten

---

[8] Ideation heißt Verallgemeinerung aus einem Einzelfall oder Beispiel. So wird bspw. der Allgemeinbegriff Röte aus einem roten Gegenstand ideiiert. Dazu bedarf es nicht noch weiterer roter Gegenstände, welches eine induktive Form der Abstraktion ist. In der Analogiebildung wird sozusagen eine allgemeine Relation aus dem Sourcebereich ideiiert, und dann versucht diese Abstraktion relevant zu machen für eine nunmehr im Targetbereich abzuleitende Form der Bildung einer Relation, die der Abbildung beider Bereiche entgegenkommt.

[9] Für die Abstraktion gilt ein analoger Rückkoppelungsprozess: „In general, increasing the level of abstraction will at some point delete corresponding identities as well as mismatches, and consequently diminish the similarity of the analogy. A tendency to maximize the completeness of an analogy by moving to a more abstract level of macrostructure may therefore often compete with a tendency to maximize the extensiveness of the mapping between causal relations by moving to a more detailed representational level. As a result, the "optimal" level of representation for successful analogical thinking may typically lie at an intermediate level of abstraction ...", nach: [16], s.9

Relation entspricht, womit Rückkopplung in der Findung des ‚structural mapping' angestrebt wird.

▶ **Beobachtung 13:** Bei der Analogiebildung wird für das ‚structural mapping' von der Source durch Ideation abstrahiert und durch Validierung dieser Abstraktion im Targetbereich abgeglichen[10].

Dabei werden relevante und nichtrelevante Merkmale und Relationen geschieden, bis die Abbildung gelingt, und der Transfer bei dem Targetbereich vollzogen werden kann.

3.1.2 Paketvermittelte Netze

Paketvermittlung ist eine Methode zur Übermittlung von Nachrichten im Netz. Die Nachricht wird in einzelne Pakete aufgeteilt und entweder verbindungslos oder über virtuelle Leitungen verschickt. Das Netz wird bei der Paketvermittlung durch Pakete durchquert, die unabhängig und eigenständig sind. Sie werden in Vermittlungsknoten gespeichert. So stellt die Übertragungsgeschwindigkeit zwischen einzelnen Teilstrecken keine Begrenzung mehr dar. Allerdings kommt es zu Warteschlangen, da die Ausgangsschnittstelle das Ziel vieler Sendungen sein kann. Es entstehen Überlastsituationen.

Kurose/Ross[11] formulieren folgende Analogie:

„Stellen Sie sich zum Beispiel eine Fabrik vor, die ein hohes Frachtaufkommen zu einem Lagerhaus bewegen muss, das Tausende von Kilometern entfernt ist. In der Fabrik wird die Fracht aufgeteilt und auf eine Flotte von Lastkraftwagen geladen. Jeder Lastwagen reist dann unabhängig von den anderen durch das Netz von Autobahnen, Straßen und Kreuzungen zum Ziel, dem Lagerhaus. Dort wird die Fracht entladen und mit der restlichen Fracht dieser Lieferung gelagert. In diesem Beispiel entsprechen die Pakete den Lastkraftwagen, die Kommunikationsleitungen entsprechen Autobahnen und Straßen, Paket-Switches entsprechen Kreuzungen und Endsysteme werden durch Gebäude symbolisiert. In derselben Weise, in der ein Lastwagen seinen Weg durch das Straßentransportnetz nimmt, reist ein Paket auf einem Pfad durch ein Computernetzwerk."

---

[10] Für eine solche kybernetische Betrachtung des Erkenntnisprozesses vgl. [46]
[11] [32], s.24

Modell und Analogie – Theorie und Anwendung an ausgesuchten Beispielen

In dieser Analogie wird zwar schön die Aufteilung der Information in Pakete gezeigt, und wie sie am Ende wieder zu einer Einheit zusammengefügt werden, aber die Überlastsituation wird nicht modelliert. Auch hier kommt es in der Modellbildung wieder zum Übergehen von Merkmalen der Wirklichkeit. Die Abstraktion zielt auf Beschreibungen ab, wie sie der Lebenswelt entnommen sind, bspw. einen Träger beladen, ausladen; eine Last transportieren, eine Last wieder zusammensetzen. Dadurch ist die Analogie anschaulich und spricht auch den Laien an. Gewöhnlicherweise wird durch die strukturelle Abbildung von Source auf das Target aber ein Relationenwissen vorausgesetzt, dass dem Experten entgegenkommt und nicht dem Laien.

Beobachtung 14: Für das ‚structural mapping' wird ein Relationenwissen zugrundegt. Wir können dies umschreiben durch das Wissen um (komplexe) Regeln, die angewendet werden. Wenn die Analogie im Source auf lebensweltliche Zusammenhänge eingeht kommt dies Laien entgegen. Die Analogie im Targetbereich zu finden ist für Experten einfacher, als für Laien.

Abhängig also davon, wie die Abstraktion verankert ist, hier in der Lebenswelt, wird ein Anfänger oder ein Experte angesprochen.

Damit kommen folgende Aussagen zur Bewertung in den Skopus unseres Interpretationsansatzes:

Beurteilen Sie die Aussage: Analogien sind nützlich
a.) Analogien erleichtern das Memorieren eines Lösungsansatzes
b.) Analogien erlauben kreative Betätigungen
c.) Analogien sind abzulehnen, weil die eigenständige Erarbeitung einer Lösung im Mittelpunkt stehen soll
d.) Analogien dienen eher einem Experten als einem Anfänger

3.1.3 Internet-API

Die Internet API ist definiert als eine Menge von Regeln durch welche Daten von einem Nutzer zum anderen Nutzer transferiert wird (vgl.[32], s.27).

„Nehmen Sie an, dass Alice mithilfe des Briefdienstes der Post einen Brief an Bob senden will. Alice kann natürlich den Brief(die Daten) nicht einfach schreiben und als Papierflieger aus dem Fenster werfen. Stattdessen fordert die Post, dass Alice den Brief in einen Umschlag steckt, Bobs vollen Namen, Adresse und Postleitzahl auf diesen Umschlag schreibt, den Umschlag verschließt, eine Briefmarke in die rechte obere Ecke klebt und den Brief schließlich in einen offiziellen Postbriefkasten einwirft. Auf ihre Art hat die Post ihre eigene „Postdienst-API", ein Regelwerk, dass Alice befolgen muss, damit der Postdienst ihren Brief an Bob ausliefert. In ähnlicher Weise hat das Internet eine API, die ein Programm, das Daten sendet, befolgen muss, damit das Internet die Daten auch an das Zielprogramm liefert, das diese Daten empfangen soll. Der Postdienst erbringt für seine Kunden natürlich mehr als eine Dienstleistung. Er bietet Eilzustellungen, Empfangsbestätigung, den gewöhnlichen Briefdienst und viele weitere Dienstleistungen. Auf ähnliche Weise stellt auch das Internet den Anwendungen noch weitere Dienste zur Verfügung."

Diese Analogie kann als eine proportionale Analogie entwickelt werden, wobei die Bereiche von Source und Target verschieden sind. In dieser Form der Analogie wird aus einem Verhältnis A zu B auf ein Verhältnis C zu D geschlossen. Wobei die Abstraktion dann darauf abzielt, dass die Verhältnisbestimmung, also die relationale Verknüpfung gleich ist. Ähnlich wird die Analogie in der Kategorientheorie bestimmt[12]. Also kann man für A Brief schreiben und B: Brief sachgerecht behandeln eine Abstraktion zugrunde legen als ein Set von Verhaltensregeln, welche den sachgerechten Umgang festlegen; dann ist C: sich des Internet bedienen und D: eine API nutzen für den sachgerechten Umgang mit den Diensten.

▸ **Beobachtung 15:** Nach der Abstraktion wird die relevante Relation/Regel im Targetbereich durch eine Spezifikation gewonnen. Ideation ist also der Aufstieg von der Source zur abstrakten Beziehung, und Spezifikation der Abstieg von dieser Abstraktion in den Targetbereich. Ideation, Abstraktion und Spezifikation machen aus der Analogie ein thematisches Feld.

---

[12] Vgl. [23], s. 8 ff.

Modell und Analogie – Theorie und Anwendung an ausgesuchten Beispielen

Für unseren Interpretationsrahmen schließen wir die Evaluation folgender Behauptungen an.

Ein thematisches Feld besteht aus kohärenten Einzelthemen. Einzelthemen werden in einem Kontext, wie bspw. ein Lehrbuch, eingeordnet. Im Folgenden geht es darum zu verstehen, welche Ordnung eine solche Einordnung gewährleistet, und wie dies mit Abstraktion und Analogie zusammenhängt.

a.) Die Einzelthemen bilden ein Kontinuum von Formen, d.h. man kann die Einzelthemen bspw. via einer Gliederung anordnen

b.) Ein solches Kontinuum der Formen kann auch durch Analogien zwischen den Einzelthemen beschrieben werden

c.) In einem Kontinuum der Formen hat man es mit unterschiedlichen Abstraktionsebenen zu tun

---

3.1.4 Weitere Beispiele

Die Struktur der Beispiele zeigte Eigenschaften der Analogie. Sie sind an der Lebenswelt orientiert[13]. In Kurose/Ross finden sich noch weitere Beispiele, die hier kurz genannt seien:

a)   Der Routing-Prozess von einem Ende der Wegstrecke zum anderen lässt sich mit einem Autofahrer vergleichen, der keine Karten verwendet, sondern lieber nach der Richtung fragt[14].

b)   Leitungsvermittlung: stellen Sie sich zwei Restaurants vor. In dem einen müssen Sie einen Tisch reservieren, beim anderen nicht[15].

c)   Übertragungsverzögerung und Ausbreitungsverzögerung: Autobahn, die alle 100 km eine Mautstelle hat. Die Autobahnabschnitte zwischen den Mautstellen entsprechen den Leitungen und die Mautstellen sind die Router[16].

---

[13] „Holyoak (1984) ist der Meinung, dass, um analoges Denken zu verstehen, eher Paradigmen notwendig sind, die näher am natürlichen Verhalten liegen. Als Argument dafür wäre, dass die wichtigste Funktion des analogen Denkens im Alltag nicht das Lösen von Analogieproblemen, sondern eher die Anwendung von Analogien beim Problemlösen ist. Hier geht es darum, die Analogie als Hilfe zur Lösungsfindung eines neuen Problems auf Basis einer schon bekannten Situation einzusetzen." ([51], s.7)

[14] [32], s. 46

[15] [32], s. 47

[16] [32], s.58

d)   Einkapselung: Eine hilfreiche Analogie ist das Versenden einer Mitteilung mittels des öffentlichen Postdienstes[17].

Diese Beispiele erlauben es einige allgemeine Einsichten in die Anlogiebildung zu verdeutlichen. So zeigen Holyoak und Thagard (1995), dass bei der Analogiebildung eine Gedankensprung stattfindet . So wenn von der Verzögerung der Abarbeitung in der Mautstelle auf die Verzögerung der Ausbreitung von Nachrichten in Routern hingewiesen wird.

Sehr wichtig für die Verwendung von Analogien ist die strukturelle Ähnlichkeit („relational similarity"). Sie stellt die Basis für die Analogie zwischen den Relationen der Problemelementen dar, auch wenn die Problemelemente selbst vollkommen unähnlich sind. In diesem Fall spricht man von der Analogie auch als Metapher. Bei der Leitungsvermittlung wird so bspw. eine exklusive Leitung zwischen Hosts festgelegt, was eine relationale Ähnlichkeit zu der Bestellung eines Tisches in einem Restaurant hat, obgleich Tischbestellung und Leitungsvermittlung zwei völlig verschiedene Problemelemente sind.

Diese Einsichten und die Beispiele erlauben es folgende Aussagen zu evaluieren:

a.) Analogien sind eigentlich nur Vergleiche

b.) Analogien sind Metaphern

c.) Analogien zeichnen Relationen aus, die wir dem Alltagsverständnis entnehmen

d.) Die Generalisierung in Analogien zielen auf Relationen ab die ein schematisches Verständnis eines Sachverhaltes ermöglichen

e.) Analogien erlauben es einen Sachverhalt auf einen anderen Sachverhalt zurückzuführen; so muss das Rad nicht jeweils neu erfunden werden

---

[17] [32], s. 76

3.2   Beispiele aus der Programmierung

3.2.1   Ein theoretischer Rahmen

In Analogien kommen im Bereich der Modellierung von Source und Target oft Beispiele vor. Die Frage ist dann, wie eine Abstraktion, die ein ‚structural mapping' von Source auf Target ermöglicht ausschauen soll. Hilfreich ist dabei der Begriff der Regel: das Beispiel kann als die Anwendung einer Regel angesehen werden, wobei erlaubt ist, dass Regeln Unterregeln enthalten. Die Abstraktion im ‚structural mapping' findet dann eine Sprache, in der diese Regeln durch die Anwendung von Begriffen vorkommt. Im Allgemeinen wird die Abstraktion einen reichhaltigeren Regelgehalt haben, als das Beispiel. Unter dieser Voraussetzung kommt es zu einem 'structural mapping' zwischen dem Beispielmodell der Source und dem Beispielmodell des Targets, weil beide Regelanwendungen sind, die in einer globaleren Struktur vorkommen. Das Problem beim Regelverhalten ist, dass zwar der begriffliche Gehalt einer Theorie sehr gut beschrieben werden kann durch die Anwendung von Regeln aufgrund ihrer Begriffe, wir aber nicht sicher sein können, ob bei der Gewinnung eines Regelgehaltes, der die globale Struktur von Source und Target abbildet, auch richtig generalisiert wurde. Das Problem ist aus der Philosophie bekannt, insbesondere aus der Interpretation des Regelfolgens bei Wittgenstein durch Kripke. Kripke macht deutlich, dass wir beim Regelfolgen niemals wissen, ob wir eine wirkliche oder eine vermeintliche Regel anwenden. Wenn wir bspw. die Zahlenreihe 3,5,7 haben, und dazu eine Regel angeben wollen, so könnte die wirkliche Regel lauten: Primzahlen ab 3 oder aber: beginnend mit 3 immer 2 aufaddieren[18].

Für das Analogieproblem bedeutet dies, dass wir unterscheiden müssen:

▸ **Beobachtung 16:**

---

[18] vgl. [52], s.4; in dieser Arbeit geht der Autor davon aus, dass aus pragmatischen Gründen die Modelle im Source- und Targetbereich immer auch als Beispiele aufgefasst werden können. Insofern gilt das Modell über das Regelfolgen angesichts von Beispielen für die ganze Arbeit. Auch bei Kutschera wird aber nicht mit der Einsicht gearbeitet, so wie der Autor es in dieser Arbeit tue, dass in vielen Fällen der Regelgehalt in seiner Allgemeinheit durch Fälle der Anwendung, also Beispiele, paradigmatisch gezeigt werden kann.

a)   Wie wird die allgemeine Regel, die das ‚structural mapping' definiert, aus den Beispielen gewonnen? Es zeigt sich, dass der Abstraktionsvorgang, der hier vorherrscht zum einen eine Ideation sein kann, zum anderen ein induktiver Schluss aus zwei Beispielen.

b)   Wenn die allgemeine Regel gewonnen wurde, welche Teile werden in den einzelnen Beispielen dabei angesprochen: so kann es sein, dass ein Beispiel eine andere Teilmenge von Regeln der generellen Regel repräsentiert, als das analoge Beispiel

c)   Wenn wir eine generelle Regel gewonnen haben und die Beispiele hinsichtlich dieser generellen Regel analog sind, so müsste man auch davon sprechen können, dass beide Modelle von Source und Target Modelle der generellen Regel sind. In diesem Sinne würde sich der Analogieschluss einer Deduktion annähern, weil die Gültigkeit der Regeln in Source und Target aus der Gültigkeit der allgemeinen Regel in der Abstraktion zu folgen scheint.

d)   Hinsichtlich der generellen Regel muss die kritische Frage gestellt werden, ob sie eine Sprachform ist, die Beispiele zulässt, die nicht mehr beweisbar sind. Dies ist ein allgemeiner Fall des Gödel'schen Unvollständigkeitssatzes, wonach eine Theorie Sätze formulieren kann, die sie nicht mehr beweisen kann.

Im Anschluss an diese Ausführungen sind folgende Aussagen im Bereich unserer Interpretationen:

Für Prüfungen werden häufig lediglich Beispiele aus den Probeklausuren und Übungen herangezogen. Der Prüfling orientiert sich häufig nur an diesen. Beurteilen Sie, welche Einschätzung Sie für richtig halten:

a.) Das macht nichts, weil ein Verständnis der Mathematik oder Informatik über Beispiele zureichend zu vermitteln ist.

b.) Lernen anhand von Beispielen verfehlt ein tieferes Verständnis der Mathematik oder Informatik.

c.) Beispiele können generell genug sein, so dass das darin implizierte Regelfolgen die mathematische oder informatische Theoriebildung abdeckt.

3.2.2 Binärer Suchbaum

Das folgende Beispiel zeigt, wie man in einen binären Suchbaum einfügen kann:

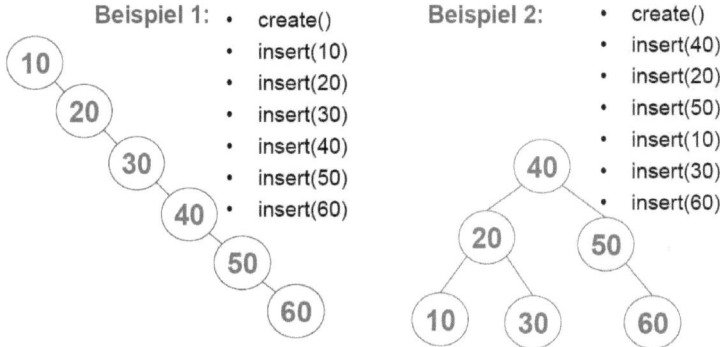

Abbildung 3 Beispiele zu binärem Suchbaum

Einmal erhält man einen entarteten Baum, einmal einen normalen Baum.

▶ **Beobachtung 17:** Das Verhalten einer Struktur kann durch Regeln beschrieben werden

Die Beispiele sind analog, wenn man folgende allgemeine Struktur – beschrieben in Regeln – zugrundelegt:

Regel 1: Beginne mit der Wurzel und füge den ersten Wert ein, die Wurzel sei der aktuelle Knoten. Gehe zu Regel 2

Regel 2: Wenn der aktuelle Wert aus der einzufügenden Liste größer ist als der aktuelle Wert gehe nach rechts, sonst gehe nach links. Iteriere diese Regel bis der Folgewert auf null verweist.

Regel 3: Wenn noch kein Knoten generiert wurde, generiere einen Knoten und füge den Wert ein und wähle den nächsten Listenwert und gehe zu Regel 1.

Diese komplexe Regel besteht aus mehreren Unterregeln. In den Beispielen werden diese generelle Regelstruktur unterschiedlich adressiert. So wird in Beispiel 1 immer nach rechts gegangen und dann ein Wert eingefügt, während in Beispiel 2 abwechselnd nach links und rechts gegangen wurde, bis auf den letzten Wert, bei dem nach rechts gegangen wurde. Beide Beispiele realisieren den allgemeinen Regelgehalt, und nach der Theorie der Abstraktion stellt somit dieser Regelgehalt die Beispiele dar, die Beispiele sind relativ zu dieser Abstraktion analog. All diese Strukturen können in einem Programm niedergelegt werden, welches das Einfügen in einen Binärbaum betrifft und entweder iterativ oder rekursiv erfolgt. Es besteht daher ein enger Zusammenhang zwischen dem Regelgehalt eines Begriffes und den Strukturen, die in einer Programmiersprache niedergelegt werden können. Die Frage, ob dann welcher Regelgehalt in einem konkreten Beispiel erfüllt sind, können dann in Testfällen niedergelegt werden. Wenn ein endliches Set von Testfällen die gesamte Programmlogik abdeckt haben wir ein schönes Äquivalent zu unserer Betrachtung, dass eine endliche Anzahl von Fällen den Regelgehalt abdecken kann[19].

Hier kann man schön sehen, dass eine solche regelgeleitete Abstraktion die Analogie sowohl an die Abduktion heranführt, als auch an die Induktion und die Deduktion[20]. An die Abduktion, weil ein weiterer Fall von Werten, wie bspw. füge der Reihenfolge nach ein: 40,20,50,10,30,45 denkbar ist, an die Deduktion, weil der realisierte Regelgehalt des Beispiels deduktiv folgt aus dem Regelgehalt der generalisierten Struktur, und der Induktion, weil zu verschiedenen Beispielen eine generalisierte Struktur gewonnen wurde[21]. Das

---

[19] Dies hat auch eine pädagogische Seite: In der kategorialen Bildung von Klafki wird schön das Zusammenspiel von Beispiel und Analogie deutlich. Man hat als Ausgangspunkt (Bildungsinhalt) ein prägnantes Beispiel oder spezifisches Unterrichtsthema, welches dann transformiert wird in den Bildungsgehalt (zu gewinnende allgemeine Kategorie) und dann schließlich in das Transferpotential (Anwendung auf strukturverwandte Sachverhalte)

[20] Vgl. [44]

[21] Problematisch wird das Schema, welches bei dem 'structural mapping' zugrundegelegt wird, weil es Ähnlichkeiten mit der Bildung von Verallgemeinerungen aus der Induktion aufweist: "The essence of analogical thinking is the transfer of knowledge from one situation to another by a process of mapping-finding a set of one-to one correspondences (often incomplete) between aspects of one body of information and aspects of another. A central psychological issue concerns the mechanisms underlying analogical transfer. Reasoning by analogy typically implies a comparison of two concepts ("analogs") at the same (usually quite concrete) level of abstraction (e.g., the heart and a water pump). However, a similar mapping process may be required to compare a specific concept to a more general schema (e.g., the heart and the abstract concept of "pump"). Furthermore, mapping may also be involved in the induction of schemas from examples (e.g., learning the

Modell und Analogie – Theorie und Anwendung an ausgesuchten Beispielen

Problem der Unbestimmtheit der Analogiebeziehung verschiebt sich dabei auf die Gewinnung, d.h. die Abstraktion des allgemeinen Regelzusammenhanges: Wer sagt mir, ob ich die relevante Generalisierung gefunden habe, sind nicht ein Set kleinerer Regeln ausreichend für zwei Beispiele, die dann aber für ein drittes Beispiel nicht mehr hinreichen.

▸ **Beobachtung 18:** Wenn man die Abstraktion als die Gewinnung eines allgemeinen Regelgehaltes modelliert, dann hat die Analogie je nach Gewichtung eine Nähe zu Deduktion, Induktion und Abduktion.

3.2.3 Copy and Paste

Darunter fällt es, wenn der Programmierer den Code nicht neu entwickelt, sondern sich bereits existenter Quelltexte bedient, aus denen er Passagen herauskopiert. Die Gefahr ist hierbei sehr groß, dass er Fehler mitkopiert oder die Kopie für den neuen Bereich nicht optimal einsatzbereit ist. Der Entwickler reflektiert weniger über sein Programm, als wenn er jede Zeile selbst entwickeln würde. Hierbei handelt es sich um ein fehleranfälliges Vorgehen, wenn der Entwickler nicht weiß, was er eigentlich macht. Die Wartbarkeit des Codes wird reduziert, wenn der (fast) gleiche Programmcode an vielen Stellen vorkommt. Anstatt zu kopieren, sollte eine gemeinsame Funktion ins Auge gefasst werden. Dabei ist zunächst klar, dass beim Kopieren der gleiche Code an verschiedenen Stellen eingefügt wird, was einer elementaren Analogieoperation entspricht. Wenn wir stattdessen eine Funktion[22] verwenden, wird es möglich bspw. über Parameter eine Abstraktion der einzelnen vorher nur kopierten Codezeilen zu erreichen, wo die Funktion eine generalisierte Anwendung über den Einzelfällen der Belegung der Parameter darstellt.

---

abstract sense of "pump" by comparing hearts and water pumps). Such a close relationship between the processing of concrete analogs and general schemas is supported both by experimental evidence (Schustack & Anderson, 1979) and computational analysis (Winston, 1980).'", nach: [16], s.2

[22] Abstraktion wird so bspw. in [31], s. 23 eingeführt: "Leider berechnet dieses Programm nur den Umfang eines einzelnen Kreises, nämlich des Kreises mit Radius 27. Was ist aber, wenn in einem Programm die Umfange vieler Kreise mit unterschiedlichen Radien berechnet werden sollen? Der Programmierer sollte von dem konkreten Radius 27 abstrahieren können und sagen: was immer der Radius sein mag, hier ist eine Regel für die Berechnung des Umfangs."

Eine Umkehrung dieses Effektes findet man in inline-Funktionen. Dabei handelt es sich bei der Inline-Ersetzung um eine Optimierungstechnik von Compilern. Die Ausführungsgeschwindigkeit wird dadurch erhöht. Der Code der aufzurufenden Funktion wird an die Stelle des Aufrufes kopiert. In diesem Fall wird also von der Abstraktion, die die Funktion darstellt, zurück in einzelne Instanzen der Funktion übersetzt. Der Analogieprozess geht daher von der übergreifenden Struktur – der Funktion – zu den einzelnen Instanzen.

Beispiele werden also in Abstraktionen generalisiert, und umgekehrt führen Abstraktionen, wie hier die Funktionsvorschrift, zu relevanten Beispielen – wie die Compilerübersetzung einer Inline-Funktion.

3.3. Einfache Konzepte

3.3.1 Stack

Der Stack arbeitet nach dem Prinzip LIFO. Eine Analogie dazu ist der Verkauf von Eis in Waffeln. Der Verkäufer nimmt eine Waffel und fügt nach den Wünschen des Käufers Eiscreme aufeinander. Gegessen werden muss das Eis jedoch von oben nach unten[23].

Dieses einfache Beispiel kann hinsichtlich der Beteiligung der lernenden Subjekte wie folgt umschrieben werden[24].

---

[23] vgl. [12], s.2
[24] vgl. [19], s. 2

Modell und Analogie – Theorie und Anwendung an ausgesuchten Beispielen

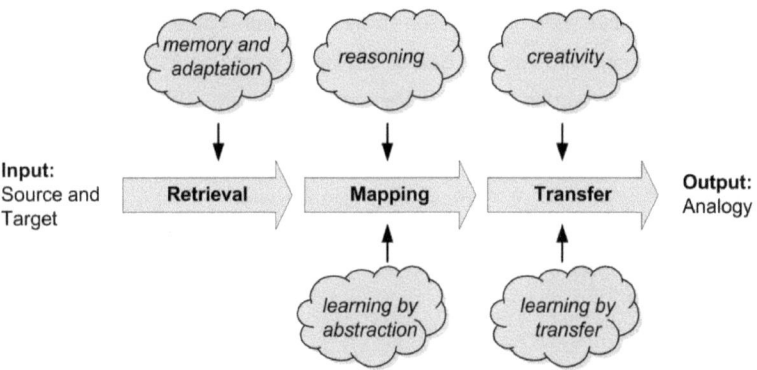

Abbildung 4 Welche psychologischen Tätigkeiten begleiten die Analogiebildung

Am Begin, wenn man einer neuen Situation (dem Stack) ausgesetzt ist, muss der Ausgangsbereich, hier der Eisverkauf identifiziert werden, welcher eine Relation zum Zielbereich herstellt. Um mögliche Kandidaten für die Analogie zu finden, muss ein Retrieval stattfinden, welches durch das Gedächtnis und einer Adaption geleistet wird.

▶ **Beobachtung 18:** Beim Retrieval sind Gedächtnis und Adaption mit beteiligt.

Die Abbildungsphase (Mapping) versucht eine analoge Beziehung zwischen den zwei Bereichen herzustellen; dabei wird eine den beiden Bereichen gemeinsame Struktur zugrundegelegt. In der Regel gibt es viele mögliche solche Abbildungen, die vom Kontext abhängen aber auch vom Ziel der Analogie. Es muss also noch die Relevanz festgelegt werden, um eine Strukturähnlichkeit zugrundelegen zu können. Das Repräsentationsproblem betrifft den Umstand, dass Source und Target eine unterschiedliche Darstellung haben, so dass beim mapping eine allgemeinere Darstellung beider zugrundegelegt und repräsentiert werden muss. Dazu müssen die Darstellung von Source und Domain rerepräsentiert werden.

▶ **Beobachtung 19:** Die Findung eines geeigneten strukturalen Abbildung, welche der Analogie zugrundeliegt geht einher mit einer Rerepräsentation von Source und Target. Für die Abbildung bedeutet dies die relevante Abstraktion(-sebene) zu finden.

In der Transferphase wird Information zwischen den beiden Bereichen übersetzt. Das Wissen wird von der Source auf das Target übertragen und es werden dadurch neue Begriffe und Strukturen aufgedeckt, neue Erklärungen für Phänomene gefunden oder ein gegebenes Problem gelöst[25].

▶ **Beobachtung 20:** Gefunden wird bei der Analogie hauptsächlich die Spezifikation der durch die Abstraktion dargestellten Regel/Relation, damit aber auch die Abstraktion selbst und eventuell eine Rerepräsentation im Source und Targetbereich. Diese Leistung erfordert Kreativität.

3.3.2 Queue

Eine Analogie für die Verwendung einer Queue ist die Warteschlange an einer Kasse im Supermarkt (vgl. [12], s.2). Es verwirklicht die Idee des First In First Out. Allerdings trägt diese Analogie nicht, wenn wir sie implementieren. Denn dann müsste mit jedem der aus der Kasse herausgeht die ganze Reihe nachfolgen, also im Algorithmus umkopiert werden, was bei einer Queue in der Regel nicht gedacht wird. Die Analogie basiert also auf Modelleigenschaften, dem Umkopieren von Elementen, die im Targetbereich Queue nicht realisiert ist. Sie ist also unvollständig, weil kein ‚structural mapping' zustande kommt.

Eine bessere Analogie zur Queue ist der Warteraum in einem Arztzimmer, bei der man ein Ticket zieht, welches beschreibt, wann man drankommt. Wenn die Nummer aufgerufen wird, die vor einem ist, so weiß man, dass man als nächstes drankommt. Hier entfällt ein Umkopieren von Elementen, wenn man die Source, das Wartezimmer, mit der Funktionalität der Queue vergleicht.

---

[25] Folgende Fragen warden bei diesem Vorgang beantwortet: " •   What should be the content and representation of source analogs? • How is the target problem specified? • Given a target problem, how might the retrieval of the source analog occur? • Once a source analog has been retrieved, how can it be mapped onto the target problem and how will this mapping be used to transfer the problem solving knowledge? • How can the solution to the target problem be completed? • How will a solution to the target problem be evaluated? • How can it be decided whether a useful generalization over the source problem and the target problem can be built. How can such a generalization be built? • How can it be decided whether the target problem and its solution are different (novel) enough to be worth storing for later use?", nach: [2], s.5, der Autor hatte diese Fragen implizite schon dargestellt in dem Modell, in dem die Abstraktion durch Ideation hervorgeht und Source und Target in einer Re-Repräsentation rückgekoppelt warden, was ihre Abstraktion in einer 'structural mapping' anbelangt.

Noch einfacher ist es, wenn man in den Warteraum kommt, und fragt wer der letzte ist, der dran ist, so ist es derjenige, der vor einem kommt. Diese Implementation einer Queue ist am nächsten zu einer linked list Implementation.

Hier werden die Tauglichkeit eines Modelles für die Darstellung der Sachverhalte in Source und Target befragt. Bei diesem ‚structural mapping' wird Abstraktion benötigt, es wird aber auch eine Reformulierung der Modelle von Source und Target vorgenommen. In diesem Sinne ist allgemein das Verhältnis zwischen Realität und Modell, eines zwischen der Darstellung der Realität in einem Modell, und einem zweiten Modell, meist in einer formalen Sprache. Dadurch verstehen sich die folgenden Aussagen:

Beurteilen Sie die Aussage: Analogien sind allumfassend

a.) Alle Abstraktionsvorgänge können als Analogien beschreiben.

b.) Das Verhältnis zwischen Realität und Modell ist ein Analogieverhältnis.

c.) Wenn ich etwas erkläre, kann ich, wenn ich will, immer auf Analogien zurückgreifen.

d.) Analogien kenne ich vorwiegend aus der Theologie; demnach sind sie das fundamentale Instrument zum Verständnis der geschöpften Wirklichkeit, also auch der Mathematik und der Informatik.

e.) Mit Analogien kann man alles erklären; demnach ist ihr Informationsgehalt gleich 0.

3.4 Gewinnung von Regeln zur Abstraktion

In diesem Ansatz wird bei der Generalisierung, die einem ‚structural mapping' zugrundegelegt wird von einem regelbasierten Ansatz ausgegangen, wie er in 2.2.1. beschrieben wurde. Demnach kann schon von einem Beispiel – eine Gewähr dafür, dass das zugrundelegende Modell pragmatisch ist – schon durch eine Form der Ideation allgemeine Strukturen gewinnen. Die Analogie kann

dann als übergreifende Struktur zweier Bereich – der Source und dem Target –
gewonnen werden, wie es in der folgenden Abbildung[26] gezeigt wird:

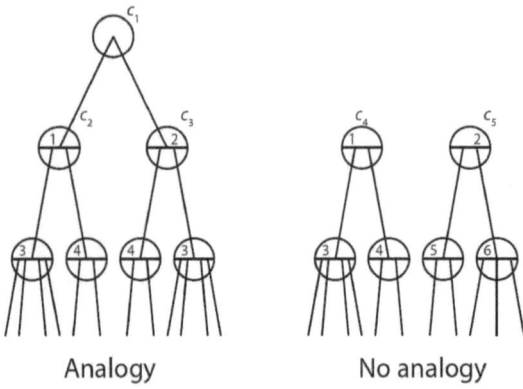

Analogy   No analogy

Es umfasst in der Analogie c1 die Darstellung des Sourcebereiches mit c2 und
des Targetbereiches mit c3. Wir hatten schon davon gesprochen, dass bei der
Herleitung der Targetrelation/-regel in c3 eine Spezifikation von c1 stattfindet.
Daneben muss c3 so beschafft sein, dass eine Verallgemeinerung nach c1 hin
möglich ist. Daneben finden bei dem Einspielen von c1 und c3 eine
Rückkopplung mit c2 statt, so dass wir ein komplexes System von
Rückkoppelungen haben, die dann schließlich, wenn die Analogie angeht, in ein
Gleichgewicht gebracht wird, in der die Analogie trägt. Dieser regelbasierte
Ansatz, der im Begriffsgehalt eine Folge von zusammengefassten Regeln sieht,
ist neu. In dem Ansatz, in dem c1 ein ‚structural mapping' von c2 nach c3 ist,
wird immer von höheren Relationen gesprochen; durch den Rekurs auf Regeln
wird darauf abgestellt wie man konstruktiv aus dem Regelfolgen der generellen
Regel c1 auf das Regelfolgen in c2 und c3 kommt. Dies umfasst den Ansatz
des ‚structural mapping', weil die Inklusion von c2 und c3 in c1 nach dem
Regelgehalt, auch als eine Abbildung verstanden werden kann, in der via c1 c2
auf c3 abgebildet wird. Unser Ansatz zeigt seine Stärke in einer Intention der
vorliegenden Arbeit: den Begriff des paradigmatischen Beispiels als
wesentliches Resultat des Ziels der Arbeit herauszustellen und zu

---

[26] [49], s. 5

charakterisieren. Für eine der Zielgruppen dieser Arbeit, die Lehrenden, löst der Begriff ‚paradigmatisches Beispiel' ein Aha-Erlebnis aus, welches hier genutzt sein soll, um Ziel und Aufgabe der vorliegenden Arbeit zu durchleuchten.

4   Fazit

In der vorliegenden Arbeit wurde versucht Beobachtungen zu gewinnen, die es erlauben den Wert von Analogien einzuschätzen. Beobachtungen haben immer zu tun mit der Verankerung in der Praxis, sind also von dieser Perspektive aus geeignet Anwendungsbezüge zu sichern. Der Interpretationsraum der Fragestellungen soll dabei verschiedenen Anwendern Rechnung tragen. Wenn bspw. danach gefragt wird, ob einem Modell eine Analogiebeziehung zugrunde liegt, so wird dies theoretisch durch jene Positionen gedeckt, die in Modellen Analogien sehen, aber es können auch Personen das Modell nicht als Analogiebeziehung denken, und wir sehen uns dann mit den Fakten konfrontiert in denen Modelle statt der Analogie zum Tragen kommen. Das scheint immer dann der Fall zu sein, wenn in der Abstraktion eine allgemeine Sprache für Modelle gefunden werden, in denen die Relata der Analogie in Source und Target selbst deduktiv zu gewinnende einzelne Modelle sind.

In dieser Art und auf diese Weise können für den Spielraum des Verhaltens, der durch die Beobachtungen eröffnet ist, die verschiedenen Anwender Schlüsse für sich ziehen, wie sie Analogien einsetzen wollen. Pädagogisch sinnvoll scheinen sie nach übereinstimmender Meinung nicht zu sein, oftmals führen Analogien in die Irre, Übergeneralisieren oder kratzen nur an der Oberfläche der behandelten Phänomene. Hier ist Maß gefragt. Insbesondere durch die Konzentration auf die Bedeutung paradigmatischer Beispiele kann von Analogien ein Erkenntnisgewinn ausgehen, in der die Transferleistung Neuheit im Sinne einer wichtigen Komponente von Information ist.

In dieser Arbeit wurde auf den Regelbezug abgestellt, um Abstraktion zu kennzeichnen und die inferentielle Struktur der Analogie analog zu Deduktion, Induktion und Abduktion darlegen zu können. Regeln sind mit Kant Begriffsinhalte(vgl. [11], s. 459 ff.) und charakterisieren diese. In Verbindung mit einem konstruktivistischen Ansatz, der Beobachtungen hinsichtlich des

Modellgehaltes des Analogieverhaltes zugrundelegt, wird hiermit auch ein eigenständiger Ansatz in der Theorie der Modelle vorgestellt. Er schlägt Brücken zu Theorien, wie dem Konstruktivismus oder der durch den Rekurs auf Beobachtungen auf das Problem der Verankerung von Bedeutungen[27]. Durch den Regelgehalt der Abstraktion wird für das kontrovers diskutierte Thema ,mapping' von Source und Target ein genereller Ansatz gewonnen. Der Wert paradigmatischer Beispiele wird dadurch operationell gefasst.

Insgesamt stellt die Arbeit einen Rahmen für die Aneignung des Themas Modell und Analogie in der Praxis dar.

---

[27] Vgl. für diese Zusammenhänge [33], s.300 ff.

5   Abbildungsverzeichnis

6 Glossar

Abduktion	Herleitung einer allgemeinen Aussage aufgrund eines Einzelfalles
Abundantes Merkmal	Merkmal, welches im Modell vorhanden ist, aber nicht in der Realität
Analogie	Die Bildung eines Schlusses im Targetbereich aufgrund einer Darstellung des Sourcebereiches durch Abstraktion, die Targetbereich und Sourcebereich teilen.
Deduktion	Herleitung einer Aussage aufgrund von Prämissen oder einem allgemeinen Regelgehalt.
Homomorphismus	Ein Homomorphismus bildet die Elemente aus der einen Menge so in die andere Menge ab, dass sich ihre Bilder dort hinsichtlich der Struktur ebenso verhalten, wie sich deren Urbilder in der Ausgangsmenge verhalten.
Induktion	Herleitung einer allgemeinen Aussage aufgrund verschiedener Beispiele oder Einzelfälle
Konstruktivismus	Richtung der Wissenschaft im Allgemeinen, die die Tätigkeit des Beobachtens und des Treffens von Unterscheidungen für die Erkenntnistätigkeit hervorheben.
Mapping	Bildung einer Abbildung
Modell	Darstellung eines Gegenstandbereiches aufgrund von Abstraktion auf das Wesentliche.
Präteriertes Merkmal	In der Modellbildung ein Merkmal, welches in der Realität vorhanden ist, aber nicht im Modell
Proportionalgleichung	Aussage, dass wenn sich a zu b verhält, dann sich auch c zu d verhält im gleichen Sinn.
Retrieval	Bekannt aus dem Information Retrieval; besagt, dass Merkmale wiederaufgefunden werden, durch eine Gedächtnisleistung oder einem logischen Schluß
Source	Der Ausgangsbereich der Analogie, dort wo aufgrund einer Abstraktion eine Reformulierung stattfindet, damit die Analogie der Source mit dem Target gelingen kann.
structural mapping	Nach Gentner der Vorgang, in dem aufgrund von Abstraktion die Abbildung von Source nach Target so erfolgt, dass ein Homomorphismus zwischen beiden Bereichen vorliegt. Die Abstraktion legt dabei Strukturen dar, die Source und Target teilen.
Target	Der Zielbereich der Analogie, dort wo die Analogie eine neue Erkenntnis formuliert.
Transfer	Bildung einer neuen Erkenntnis ausgehend von einem Ausgangsbereich in einem anderen Zielbereich.

Modell und Analogie – Theorie und Anwendung an ausgesuchten Beispielen

7 Fragebogen

Bitte vergeben Sie Punkte von „-3" bis „3" für jede Teilfrage/Teilaussage, je nachdem ob Sie ganz ablehnen(-3) oder ganz zustimmen(3). Für Fragen oder Behauptungen, die Sie nicht verstanden haben schreiben Sie bitte „?". Sollten Sie die Frage bzw. Aussage für widersinnig halten, oder aus sonstigen Gründen nicht beantworten wollen oder können, schreiben Sie bitte „P".

1. In der ersten Frage geht es darum den Begriff "pragmatisch" besser verstehen zu lernen. Oft wird ein Beispiel pragmatisch genannt, weil es anwendungsbezogen etwas veranschaulicht. Ist diese Verwendung von „pragmatisch" gerechtfertigt?
   a.) Der Begriff Pragmatik ist ein Begriff der Sprachwissenschaft; ein Beispiel hat sowohl syntaktische, semantische Merkmale, als auch pragmatische
   b.) Der Begriff pragmatisch für Beispiele zeigt deutlich den Unterschied zwischen der Syntax und Semantik der Theorie und dem Regelfolgen in einem Beispiel
   c.) Pragmatisch ist angebracht, da Beispiele Anwendungen zeigen

2. Für Prüfungen werden häufig lediglich Beispiele aus den Probeklausuren und Übungen herangezogen. Der Prüfling orientiert sich häufig nur an diesen. Beurteilen Sie, welche Einschätzung Sie für richtig halten:
   a.) Das macht nichts, weil ein Verständnis der Mathematik oder Informatik über Beispiele zureichend zu vermitteln ist
   b.) Lernen anhand von Beispielen verfehlt ein tieferes Verständnis der Mathematik oder Informatik
   c.) Beispiele können generell genug sein, so dass das darin implizierte Regelfolgen die mathematische oder informatische Theoriebildung abdeckt

3. Ein thematisches Feld besteht aus kohärenten Einzelthemen. Einzelthemen werden in einem Kontext, wie bspw. ein Lehrbuch, eingeordnet. Im Folgenden geht es darum zu verstehen, welche Ordnung eine solche Einordnung gewährleistet, und wie dies mit Abstraktion und Analogie zusammenhängt.
   a.) Die Einzelthemen bilden ein Kontinuum von Formen, d.h. man kann die Einzelthemen bspw. via einer Gliederung anordnen
   b.) Ein solches Kontinuum der Formen kann auch durch Analogien zwischen den Einzelthemen beschrieben werden
   c.) In einem Kontinuum der Formen hat man es mit unterschiedlichen Abstraktionsebenen zu tun

4. Beurteilen Sie die Aussage: Analogien sind nützlich
   a.) Analogien erleichtern das Memorieren eines Lösungsansatzes
   b.) Analogien erlauben kreative Betätigungen
   c.) Analogien sind abzulehnen, weil die eigenständige Erarbeitung einer Lösung im Mittelpunkt stehen soll
   d.) Analogien dienen eher einem Experten als einem Anfänger

5. Beurteilen Sie die Aussage: Analogien sind allumfassend
   a.) Alle Abstraktionsvorgänge können als Analogien beschreiben
   b.) Das Verhältnis zwischen Realität und Modell ist ein Analogieverhältnis
   c.) Wenn ich etwas erkläre, kann ich, wenn ich will, immer auf Analogien zurückgreifen.
   d.) Analogien kenne ich vorwiegend aus der Theologie; demnach sind sie das fundamentale Instrument zum Verständnis der geschöpften Wirklichkeit, also auch der Mathematik und der Informatik
   e.) Mit Analogien kann man alles erklären; demnach ist ihr Informationsgehalt gleich 0

6. Beurteilen Sie folgende Aussage: Analogien sind nichts neues. Berücksichtigen folgenden Hinweis aus der Wikipedia: Wie die Metapher beruht der Vergleich auf Ähnlichkeit, die in einem gemeinsamen Dritten (tertium comparationis) gegeben ist; daher gibt es auch die seit Quintilian gängige Definition der Metapher als „verkürzter Vergleich". Im Gegensatz zur Metapher beruht der Vergleich auf einer direkten Gleichsetzung seiner Relata, die durch eine Vergleichspartikel („wie", „als") geleistet wird.
   a.) Analogien sind eigentlich nur Vergleiche
   b.) Analogien sind Metaphern
   c.) Analogien zeichnen Relationen aus, die wir dem Alltagsverständnis entnehmen
   d.) Die Generalisierung in Analogien zielen auf Relationen ab die ein schematisches Verständnis eines Sachverhaltes ermöglichen
   e.) Analogien erlauben es einen Sachverhalt auf einen anderen Sachverhalt zurückzuführen; so muss das Rad nicht jeweils neu erfunden werden

7. Für das Verhältnis von Modell und Analogie wird folgende Aussage untersucht: Modelle integrieren Analogien. Beurteilen Sie folgende Aussagen:
   a.) Analogien können als Homomorphismus von zwei Modellen beschrieben werden, zwischen denen die Analogie besteht
   b.) Schon in der Definition eines Modelles via Abstraktion kommt eine Analogiebetrachtung zum tragen
   c.) Merkmale, die im Modell vorkommen, aber nicht in der Realität sind sogenannte abundante Merkmale und können für Analogien genutzt werden
   d.) Merkmale, die in der Realität vorkommen, aber nicht im Modell, sogenannte sind präterierte Merkmale und können für Analogien genutzt werden

8   Literaturverzeichnis

Für die Hyperlinks wurde das Abrufdatum 11.12.15 realisiert

[1]	Aditya Bhalla	Abstraction and Analogy Thinking for Innovative Solutions; http://www.qaiglobalservices.com/Articles_Publications/Inside_TRIZ.pdf
[2]	Balazs, M.E., Brown, D.C.	Design Simplification by Analogical Reasoning, http://web.cs.wpi.edu/~dcb/Papers/KIC4.mkr.pdf
[3]	Balzert, H.	Lehrbuch Grundlagen der Informatik, 2. A., Springer 2005
[4]	Bartha, P.	Analogy and analogical reasoning, in: Stanford Encyclopedia of Philosophy, http://plato.stanford.edu/entries/reasoning-analogy/
[5]	Besold, T.R.	Computational Models of Analogy-Making, https://www.illc.uva.nl/Research/Publications/Reports/X-2011-03.text.pdf
[6]	Birk, E.	Mustergebrauch bei Goodman und Wittgenstein, Tübingen 2009
[7]	Brown, R.; Porter, T.	Category Theory: an abstract setting for analogy and comparison; http://pages.bangor.ac.uk/~mas010/pdffiles/Analogy-and-Comparison.pdf
[8]	Büchter,A.;He nn H.-W.	Elementare Stochastik, 2.A., Springer 2006
[9]	Clancey, W.J.	Is Abstraction a Kind of Idea or How Conceptualization Works?, http://cogprints.org/1988/3/CSQCommentaryClancey.pdf
[10]	Damper, R.I.	Analogical Reasoning, Analog Computation and the Computational Hypothesis of Cognitive Science, http://eprints.soton.ac.uk/255924/2/abst.pdf
[11]	Eisler, R.	Kant-Lexikon, Hildesheim 1964
[12]	Forišek, M.; Steinová, M.	Metaphors and Analogies for Teaching Algorithms, http://people.ksp.sk/~misof/publications/2012metaphors.pdf
[13]	Gamboa, S.	In Defense of Analogical Reasoning; http://www.csub.edu/~sgamboa/documents/infLogic.pdf
[14]	Gentner, D.	Analogy; http://groups.psych.northwestern.edu/gentner/papers/Gentner98.pdf
[15]	Gick, M.L; Holyoak, K. I.	Analogical problem solving, http://reasoninglab.psych.ucla.edu/KH%20pdfs/Gick-Holyoak%281980%29Analogical%20Problem%20Solving.pdf
[16]	Gick, M.L; Holyoak, K.J.	Schema Induction and Analogical Transfer; http://deepblue.lib.umich.edu/bitstream/handle/2027.42/25331/0000776.pdf?sequence=1
[17]	Guarini, M.	Resources for Research on Analogy: A Multi-disciplinary Guide; http://scholar.uwindsor.ca/cgi/viewcontent.cgi?article=1017&context=philosophypub
[18]	Guerra-Ramos, M.T.	Analogies as Tools for Meaning Making in Elementary Science Education: How Do They Work in Classroom Settings?; https://www.google.de/#q=Analogies+as+Tools+for+Meaning+Making+in+Elementary+Science+Education:+How+Do+They+Work+in+Classroom+Settings%3F
[19]	Gust, H.; Krumnack, U.; Kühnberger, K-U.; Schwering, A.	Analogical Reasoning: A Core of Cognition; http://ifgi.uni-muenster.de/~schwering/gust_KIThemenheft.pdf
[20]	Gust, H.;	Explaining Effective Learning by Analogical Reasoning;

	Kühnberger, K.-U.	http://cogsci.uni-osnabrueck.de/~ai/analogies/analogies/publications/gust_CogSci06.pdf
[21]	Haitham Hamza; Mohamed E.Fayad	Applying Analysis Patterns Through Analogy: Problems and Solutions; http://www.jot.fm/issues/issue_2004_04/article11.pdf
[22]	Halyoak, K.J.	Analogy and relational reasoning, http://cognitrn.psych.indiana.edu/rgoldsto/courses/cogscilearning/Holyoak_2012.pdf
[23]	Heller, M.	Analogy, Identity, Equivalence; http://www.casinapioiv.va/content/dam/accademia/pdf/acta22/acta22-heller.pdf
[24]	Hodges, W.	Model Theory, in: Stanford Encyclopedia of Philosophy, http://plato.stanford.edu/entries/model-theory/
[25]	Hofstadter, D., Sander, E.	Surfaces and Essences, New York 2013
[26]	Holyoak, K.J.	Analogy and Relational Reasoning; http://cognitrn.psych.indiana.edu/rgoldsto/courses/cogscilearning/Holyoak_2012.pdf
[27]	Hubig, Chr.	Analogie und Kreativität; http://www.philosophie.tu-darmstadt.de/media/institut_fuer_philosophie/diesunddas/hubig/downloadshubig/analogieundkreativittpreprinterscheint2010.pdf
[28]	Kearney, A.; Young, K.	An emerging learning design based on analogical Reasoning; http://www.researchgate.net/publication/228348715_An_emerging_learning_design_based_on_analogical_reasoning
[29]	Kemp, Charles; Jern, Alan	Abstraction and relational learning, http://www.psy.cmu.edu/~ckemp/papers/kempj09_abstractionandrelationallearning.pdf
[30]	Keung, J.	Software Development Cost Estimation using Analogy: A Review; https://www.google.de/#q=Software+Development+Cost+Estimation+using+Analogy:+A+Review
[31]	Klaeren, H.	Die Macht der Abstraktion, Wiesbaden 2007
[32]	Kurose, J., Ross, K.	Computernetzwerke, 6. A., Pearson 2014
[33]	Mainzer, K.	Thinking in Complexity, 5. A.; Springer 2007
[34]	Mittelstraß, J. (Hrsg.)	Enzyklopädie Philosophie und Wissenschaftstheorie, Metzler 2004
[35]	Palmer, S.E.	Levels of description in theories of analogies, in: Similarity and analogical reasoning (ed. Vosniadou, Ortony, 1989),
[36]	Qiu, G.	Nonmonotonic logic for analogical reasoning; https://www.aaai.org/Papers/Symposia/Fall/1994/FS-94-02/FS94-02-043.pdf
[37]	Ruppert, M.	Analogiebildung – eine grundlegende mathematische Denk-weise; https://www.mathematik.tu-dortmund.de/ieem/cms/media/BzMU/BzMU2010/BzMU10_RUPPERT_Markus_Analogiebildung.pdf
[38]	Sander, E.; Richard, J.-F.	Analogy and Transfer: Encoding the Problem at the Right Level of Abstraction; http://www.psych.unito.it/csc/cogsci05/frame/poster/2/f225-sander.pdf
[39]	Sandkühler, H.J. (Hrsg.)	Enzyklopädie Philosophie, Meiner 2010

[40]	Schaub, M.	Das Singuläre und das Exemplarische, Zürich 2010
[41]	Schmid, U.	Analogy needs Abstraction; http://cogsci.uni-osnabrueck.de/~ai/analogies/analogies/workshops/october2006/AnalogyUteSchmid.pdf
[42]	Scholz, H., Schweitzer,H.	Die sogenannten Definitionen durch Abstraktion, Leipzig 1935
[43]	Schwarzer,S.; Schrepfer, M.	Analogical thinking as a cognitive strategy to develop models in information systems; http://www.informatik.fh-nuernberg.de/professors/Holl/Personal/Analogy.pdf
[44]	Schwering, A.; Krumnack, U.; Kühnberger, K.-U.; Gust, H.	Analogy as Integrating Framework for Human-Level Reasoning; http://cogsci.uni-osnabrueck.de/~ai/analogies/analogies/publications/schwering_AGI 08.pdf
[45]	Somayeh Amir-Mofidi Parvaneh Amiripour, Mohammad H.Bijan-Zadeh	Instruction of mathematical concepts through analogical reasoning skills, http://www.indjst.org/index.php/indjst/article/viewFile/30485/26413
[46]	Stachowiak, H.	Denken und Erkennen im kybernetischen Modell, 2. A.; Springer 1975
[47]	Stein, E.	Taschenbuch Rechnernetze und Internet, 3. A., Leipzig 2008
[48]	Suzuki, H.	Justification of Analogy by Abstraction, http://wsd.irc.aoyama.ac.jp/hiblog/suzuki/files/2009/07/sofia.pdf
[49]	Thorntone, Chr.	Analogy as Exploration, http://users.sussex.ac.uk/~christ/papers/analogy-as-exploration.pdf
[50]	Tomlinson, M.T.; Love, B.C.	Learning Abstract Relations Through Analogy to Concrete Exemplars; http://bradlove.org/papers/TomlinsonLove_2006.pdf
[51]	Tudose, M.	Analoges Denken in der Kindheit, http://www.cogsys.wiai.uni-bamberg.de/teaching/ws0708/sem_b/tudoseAusarb.pdf
[52]	v. Kutschera, F.	Gebrauch und Bedeutung exemplarisch eingeführter Prädikate, http://epub.uni-regensburg.de/12598/1/ubr05430_ocr.pdf
[53]	Vohle, F.; Reinmann-Rothmeier, G.	Analogietraining zur Förderung von Kommunikation und Innovation im Rahmen des Wissensmanagements; https://epub.ub.uni-muenchen.de/236/1/FB_128.pdf
[54]	Vosniadou, S., Ortony, A.(ed.)	Similarity and analogical reasoning, Cambridge 1989
[55]	Zimmermann, Peter	Abstraktion: Begriff und Problematik, http://www.philosophiebuero.ch/Leseproben/Abstraktion.pdf